Richard Deiss

Kiepenkerl und Leineweber

77
Denkmale für Berufe

Impressum

Autor: Richard Deiss

Fotografien: Richard Deiss/siehe Quellennachweis

Kontakt: richard.deiss@gmail.com

Herstellung und Verlag: BoD - Books on Demand,
Norderstedt, Printed in Germany

ISBN: 978-3-752-687-521

Erste Auflage 2023, Originalausgabe

Bibliografische Information der Deutschen Nationalbibliothek
Die Deutsche Nationalbibliothek verzeichnet diese Publikation in der Deutschen Nationalbibliografie; detaillierte bibliografische Daten sind im Internet über http://dnb.d-nb.de abrufbar

Inhalt

Vorwort

Ich bin ein Städte-Vielreisender und habe in Deutschland bereits mehr als 1000 Städte besucht und im restlichen Europa 1000 weitere Städte. Bei manchen dieser Städtebesuche stieß ich auf interessante Bronzefiguren und andere Personendenkmäler.

Im Sommer 2022 fasste ich den Beschluss, die 77 interessantesten Personendenkmäler in einem kleinen Taschenbuch aufzulisten. Das wäre jedoch eine etwas beliebige Sammlung geworden und so entschied ich, es thematisch weiter einzugrenzen. Es entstanden so Bände zu städtischen Originalen, zu fiktiven Personen, zu Architekten und Stadtplanern und zu Humoristen. Dennoch hatte ich meine Sammlung von Statuen und anderen Denkmälern zu Personen noch nicht ausgeschöpft. Deshalb der vorliegende weitere Band zu Denkmälern zu heutigen und früheren Berufen, zu Arbeitern, Bauern und Handwerkern. Das Buch möchte die bekanntesten arbeitsbezogenen Denkmale, wie den Kiepenkerl in Münster und den Leineweber in Bielefeld, vorstellen, aber auch eher seltene Berufe präsentieren. In ehemaligen Schwerindustrie-städten sind oft Denkmäler für Stahlarbeiter (Hüttenarbeiter) zu finden, in auch kleineren ehemaligen Bergbauorten gibt es häufig Denkmäler für Bergleute. In weniger industrialisierten Klein-städten und im ländlichen Raum überwiegen Handwerker-denkmale.

Ich freue mich, wenn das Buch interessierte LeserInnen findet, die es lehrreich und unterhaltsam finden. Rückmeldungen und Kommentare sind willkommen. Vielleicht werden LeserInnen auch angeregt, die eine oder andere Figur selbst in Augenschein zu nehmen.

Viel Spaß beim Lesen und dem Betrachten der Denkmäler.

Isny im Mai 2023
Richard Deiss

1. Berlin, Brandenburg, Mecklenburg-VP.

Berlin ist voller Gedenktafeln, während, vor allem in den Stadtteilen, Skulpturen seltener sind. Die Dichte berufsbezogener Skulpturen ist deutlich geringer als in kleineren Orten mit spezifischer Handwerkstradition. Solche Skulpturen sind auch typischer für den ländlichen Raum. Gibt es Tourismus oder soll dieser gefördert werden, sind Städte auch geneigter, solche Skulpturen als örtliche Attraktionen aufzustellen. Das ist vielleicht auch der Grund, warum diese in Mecklenburg-Vorpommern häufiger zu sehen sind als in Brandenburg. Die meisten Skulpturen dieses Kapitels fanden sich in Mecklenburg, darunter auch solche zu lokalen Originalen, wie dem Grimmener **Straßenfeger** Otto Pingel (1907-1982)

Bildhauerin: Gisela Krüger, Bronze, 2009
Standort: Norderhinterstr., vor dem Wasserturm

Bauarbeiter

1972 wurde in Berlin-Mitte am Alex vor der Kulisse von DDR-Plattenbauten Gerhard Rommels **Bauarbeiterdenkmal** eingeweiht. Dieses besteht aus Bronzereliefs, die an Betonblöcken befestigt sind und verschiedene Szenen rund um das Baugeschehen darstellen, von der Planung bis zur konkreten Bauausführung. Größere Platten zeigen Gruppen von Arbeitern, runde Medaillons Portraits individueller Arbeiter.

Bildhauer: Gerhard Rommel (1934-2014), Bronze, 1968
Standort: Grunerstr. 1 (Mitte, nähe Alex)

Porterbrauer

Christian Rose (1803-1877) war ein deutscher **Brauer** und Gastwirt. Er braute 1853 als einer der ersten in Deutschland einen **Porter.** Dieser wurde schnell zur Spezialität der Brauerei und es wurde in Grabow bis 1990 gebraut. Seit 2018 erinnert eine Bronzeplastik von Bernd Streiter daran.

Bildhauer: Bernd Streiter, Bronze, 2018
Standort: Rosestraße

Goldleistenarbeiter

Nach 148 Jahren endete 2014 in Grabow mit dem Ende der 1866 durch den Glaser **Theodor Heinsius** begonnenen **Goldleistenproduktion** eine lange Handwerkstradition. Während die Produktion in Heinsius Fabrik auch in der DDR-Zeit fortgeführt worden war, geriet die Firma in der Nachwendezeit in zunehmende Schwierigkeiten und 1995 wurde der Betrieb eingestellt. Neue kleinere Firmen setzten die Produktion jedoch fort. Doch die Nachfrage nach **Goldrahmen** sank weiter und schließlich wurde im Jahr 2014 in Grabow die Produktion ganz eingestellt. Vorher wurde jedoch durch Bernd Streiter den Goldleistenarbeitern in Grabow ein Denkmal gesetzt.

Bildhauer: Bernd Streiter, Bronze, 2013
Standort: Hafen Canalstr.

Grimmen

Waschfrau

Waschfrauen gab es früher in allen Orten. In manchen Kleinstädten haben sie sogar ein Denkmal bekommen. Meist werden die Waschfrauen jung und, was körperliche Reize betrifft, recht offenherzig dargestellt, so auch in Grimmen, wo die Bildhauerin Gisela Krüger die Figur gestaltet hat.

Bildhauer: Gisela Krüger, Bronze, 2006
Standort: Bahnhofstraße

Erdölkumpel

Ab den frühen 1960er Jahren begann im mecklenburgischen Grimmen die **Erdölförderung** und zeitweise arbeiteten 2000 Menschen daran 250 000 Tonnen Öl pro Jahr aus dem Boden zu holen. Wenige Jahre nach der Wende wurde die Förderung jedoch aus Wirtschaftlichkeitsgründen eingestellt. Etwa 50 Jahre nach Beginn der Förderung wurde für die **Erdölkumpel** ein Denkmal aufgestellt.

Bildhauer: Gisela Krüger, Bronze, 2012
Standort: Heinrich-Heine-Straße

Feuerwehrmann

Eine **Feuerwehr** gibt es in allen Städten, doch nur selten wird diese Funktion durch ein Denkmal geehrt. In der skulpturenreichen Stadt Grimmen ist es absurderweise sogar eine brennbare Holzfigur, die den **Feuerwehrmann** mit Helm und Löschwasser darstellt.

Bildhauer: Raik Vicent (*1962), Holz, 2013
Standort: Johannes-R.-Becher-Str.

2. Norddeutschland

Norddeutschland ist reich an Bronzeplastiken. Bremen zum Beispiel ist eine ausgesprochene Skulpturenstadt, auch Hamburg ist skulpturenreich. Wenn man jedoch berufsbezogene Skulpturen sucht, muss man eher in kleinere Städte fahren. Eine Ausnahme sind Statuen für **Seemänner und Fischer**, die in Küstenorten jeder Größe naturgemäß häufiger vorkommen.

Bildhauer: Georg Küsthardt (1863-1903), Stein,1900
Standort: Emden-Stadtgarten

Fischer

Der in Gera geborene **Leo Fürbringer** (1843-1928) war von 1875 bis 1913 Bürgermeister von Emden. Im Jahre 1900, zum 25jährigen Amtsjubiläum, wurde im Zentrum der Stadt ein Fürbringer-Brunnen aufgestellt mit einem Obelisken in der Mitte an dem ein Reliefportrait des Bürgermeisters zu sehen ist. An den Seiten des Obelisks stehen zwei Figuren, die wichtige Berufe bzw. Wirtschaftszweige der Hafenstadt darstellen: einen **Seemann** und einen **Fischer**.

Bildhauer: Georg Küsthardt (1863-1903), Stein,1900
Standort: Stadtgarten

Sensenschmied

In Friesoythe hatte das **Schmiedehandwerk** lange große Bedeutung. Um die Stadt findet sich Raseneisenerz, welches früher mithilfe von Torf in kleinen Brennöfen zu schmiedbarem Eisen verhüttet wurde. Daraus wurden Spaten, Beile, Pflugeisen und vor allem Sensen hergestellt. Verkauft wurden diese bis nach Holland. An der Bronzeskulptur des **Sensenschmiedes** ist zu lesen:

Das Schmiedehandwerk hatte in Friesoythe große Bedeutung.
Vor allem Sensen wurden überregional gehandelt. Als Gütesiegel
trugen die Waren die Werkstattzeichen der Schmiedemeister.

Bildhauer: Albert Bocklage, Bronze, 1997
Standort: Lange Straße

Obstverkäuferin

Charlotte Müller (1840-1935) verkaufte auf dem Bahnhofsplatz von Göttingen Obst. Meist an Studenten, und das so lange, dass sie in ihren letzten Jahren als älteste Straßenhändlerin der Welt galt. Studenten, die schon lange von Göttingen fortgezogen waren, fragten oft nach, ob **'die alte Frau Müller'** noch da wäre. Der amerikanischen Bildhauerin Katherina Hobson-Kraus saß Müller noch im Alter von 92 Jahren Model. 1937, zwei Jahre nach Müllers Tod und zum 200. Geburtstag der Universität, wurde das Denkmal in Göttingen aufgestellt.

Bildhauer: Katherina Hobson-Kraus, Bronze, 1937
Standort: Bahnhofsplatz

Nachtwächter

Auf dem Lindener **Nachtwächter-Brunnen** ist der **Nachtwächter** mit Horn, Hellebarde, Wachhund und Laterne ausgestattet.

Als 1895 ein Wettbewerb ausgeschrieben wurde, fand sich unter den Modellen auch `Der Thürmer´ der an den letzten Türmer in der Altstadt Hannovers, der bis 1907 tätig war, erinnern sollte. Linden war damals eine Stadt und wollte modern und eigenständig sein und sah dafür einen Hannoveraner Nachtwächter nicht als geeignetes Symbol. Doch der stellvertretende Bürgermeister Hermann Heinrich Stephanus fand Gefallen am Nachtwärter und setzte sich schließlich auch mithilfe einer eigenen Spende durch.

Im Dritten Reich zur Einschmelzung für militärische Zwecke abgebaut, tauchte die Figur nach Kriegsende in Hamburg wieder auf und konnte 1950 an den alten Standort zurückkehren.

Bildhauer: Hans Dammann (1867-1942), Bronze, 1896
Standort: Lindener Marktplatz

Schuster

Preetz war bis ins 19. Jahrhundert die Stadt der **Schuster**. Um 1850 zählte man dort man dort über 150 **Schuhmachermeister**, 360 Schuhmachergesellen und 160 Schuhmacherlehrlinge. Die Schuhmacher nutzen das Wasser der zahlreichen Seen der Stadt für ihr Handwerk. Doch auch im 20. Jahrhundert war das Gewerbe vertreten. Albert Bünn (1924-2006) aus Preetz meldete 1948 ein Patent für den Stollenschuh an.

Bildhauer: Bernd Maro (1949-2022) Bronze, 2004
Standort: Bahnhofsstraße/Markt

Braumeister (Hans Kinkeldey)

Um 1500 lebte der **Braumeister Hans Kinkeldey** in Rodenberg und machte die Stadt durch seine Braukunst wohlhabend. Sorten wie **Kinkeldeybier** und Bockbier galten als wohlschmeckend und wurden über die Grenzen der Region hinaus exportiert. Die Stadt ist ihm noch heute dankbar und 1997 wurde auf Initiative der Martiniloge in der Stadt ein Kinkeldey-Brunnen aufgestellt.

Bildhauer: Heinz Anneser, Bronze, 1997
Standort: Marktplatz

Werftarbeiter

Von 1871 bis 1918 bestand in Wilhelmshaven die Kaiserliche Werft, eine der drei großen Marinewerften in Deutschland. In Wilhelmshaven werden heute keine Schiffe mehr hergestellt, aber es gibt noch verschiedenen Reparatur- und Instandsetzungs- werften. Entsprechende Arbeitsplätze gibt es auch, dennoch gilt die Stadt als strukturschwach und schrumpfend, die Arbeitslosigkeit ist relativ hoch. Die Skulptur der **Werftarbeiter** von **Waldemar Otto** (1929-2020) erinnert an wirtschaftlich bessere Zeiten.

Bildhauer: Waldemar Otto, Stein, 1982
Standort: Marktstraße

3. Nordrhein-Westfalen

3.1 Ruhrgebiet

An einem Bergmann-Denkmal kommt man im Ruhrgebiet kaum vorbei. Hüttenmänner sind schon weniger zahlreich. Denkmäler für Berufe außerhalb der Schwerindustrie sind eher selten. Eine Ausnahme sind solche für Fußballer.

> **Bottrop**

Bergmann

An der Bergmannstatue am Rathausplatz von Bottrop ist zu lesen:

Bergbau in Bottrop 1856-2018
Dieser Bergmann-mit Blick auf das Rathaus-steht heute als Sinnbild für die Geschichte und Entwicklung der Stadt Bottrop, ihrer Kultur, ihrer Tradition sowie ihrer Zukunft. Glückauf

Bildhauer: Bernhardine Lützenburg (1949-2016), Bronze, 2018
Standort: Ernst-Wilczok-Platz 2

Der letzte Kuhhirte

Fritz Kortebusch (1796-1866) war von 1850-66 als einer der **letzten Kuhhirten** Bochums tätig. Lange nahm man an, das Bochumer Kuhhirtendenkmal stelle ihn dar, was aber seit 2019 widerlegt ist. Ein erstes Kuhhirtendenkmal entstand in Bochum 1908 und sollte an die vorindustrielle beschauliche Landstadt erinnern. Im Zweiten Weltkrieg wurde das Denkmal für die Rüstungsproduktion eingeschmolzen. 1961 schuf Walter Kruse das Denkmal neu, eine Gipsfigur aus dem Münsterland wurde dabei als Vorbild genommen. Das zweite Denkmal bezog sich explizit auf Fritz Kortebusch, obwohl dieser Bezug beim ersten Denkmal gar nicht bestand.

Bildhauer: Walter Kruse (1912-1999), Bronze, 1961
Standort: Bongardstr. 29

Dortmund

Eisengießer

Der 1906 errichtete Dortmunder **Eisengießer-Brunnen** mit bronzener Eisengießer-Statue stellt das **älteste Arbeiterdenkmal Deutschlands** dar. Zu Rüstungszwecken wurde die Bronzestatue im Dritten Reich eingeschmolzen. Ein Verein sammelte in den 1980er Jahren Geld für eine Wiedererrichtung. Im August 1990 wurde der rekonstruierte Brunnen schließlich durch den Dortmunder Oberbürgermeister Samtlebe eingeweiht.

Bildhauer: Wilhelm Fassbinder (1858-1915), Bronze, 1906,
Standort: Freiherr-vom-Stein-Platz (Nordstadt)

Hüttenmann (Stahlarbeiter)

Der heute vor dem stillgelegten Hochofen in Dortmund-Hörde stehende **Hüttenmann** wurde, als die **Stahlindustrie** in Dortmund noch florierte, für den Neumarkt in Hörde konzipiert, dann aber anlässlich der Bundesgartenschau vor dem Dortmunder Hauptbahnhof aufgestellt. Zuerst zog die Figur in den Westfalenpark um und schließlich 2009 auf das Gelände des mittlerweile ehemaligen Hüttenwerkes. Das hochgeklappte Hitzeschutzschild und die lange Lederschürze erinnern an die harten Arbeitsbedingungen der damaligen Zeit.

Bildhauer: Friedel Dornberg, Bronze, 1953
Standort: Phoenixplatz (DO-Hörde)

Bierkutscher

Dortmund galt einst mit München als bedeutendste **Bierstadt** Deutschlands. Diesen Status hat die Stadt verloren, aber Bier wird dort immer noch gebraut. 1979 stiftete die Deutsche Actien Brauerei (DAB) das **Bierkutscher-Denkmal**. Vor dem Ortswechsel der Figuren Teil einer Trilogie am Hauptbahnhof mit Bergmann und Hüttenarbeiter als Repräsentanten der einst wichtigsten Wirtschaftszweige der Stadt. Der rundliche, gemütliche Bierkutscher gehört zu den bekanntesten und populärsten öffentlichen Kunstwerken der Stadt. Kopien des Denkmals stehen in den Partnerstädten Leeds, Rostow am Don und Buffalo.

Bildhauer: Artur Schulze-Engels (1910-1995), Bronze, 1979
Standort: Stadtgarten (Friedensplatz)

Fußballer

Nach dem Niedergang der Schwerindustrie ist **Fußball** (Unterhaltungsindustrie) einer der florierenden Wirtschaftszweige im Ruhrgebiet. So ist Borussia Dortmund ein schnell wachsendes Unternehmen mit mittlerweile 500 Beschäftigten. Für Fußballer gibt es mittlerweile in Essen, Bochum und Dortmund Denkmäler. Ende 2021 wurde in der Dortmunder Nordstadt ein Denkmal für den Fußballer **Max Michallek**, wegen seiner langen Gliedmaßen auch *Spinne* genannt, aufgestellt. Passend zum Ruhrgebiet wurde die Figur nicht aus Bronze, sondern aus Stahl (Altmetall) und Kohle (für den Sockel) gefertigt.

Bildhauer: Kunstschmiede Giganten aus Stahl, Stahl/Kohle, 2021
Standort: Max Michallek-Platz (Nordstadt)

Tiegelgussdenkmal (Gussstahlherstellung)

Das 22 m lange und 9 Tonnen schwere **Tiegelgussdenkmal**, unweit des Hauptsitzes der Firma Krupp, zeigt die verschiedenen Schritte der **Gussstahlherstellung** in einer ehemaligen Krupp-Fabrik. Der erste gezeigte Schritt ist die Herstellung der Gussform, der letzte die Reinigung des rohen Gussstücks (Putzen, siehe Abbildung unten). Gustav Krupp von Bohlen und Halbach gab das Werk bereits 1935 in Auftrag. Es konnte jedoch erst nach dem Krieg aufgestellt werden. Firmengründer Friedrich Krupp gelang es bereits 1823 den hochwertigen Tiegelstahl herzustellen, was zum Aufstieg der Firma beitrug.

Bildhauer: Artur Hoffmann, Sandstein und Stahl, 1952
Standort: Altendorfer Str. (Westviertel)

Bergmänner (Denkmal Steile Lagerung)

Einst gehörte Essen zu den größten **Bergbaustädten** Europas. 1986 wurde mit der Zeche Zollverein der Bergbau in der Stadt jedoch endgültig eingestellt. 1984, das Bergbau-Ende war bereits nahe, schrieb die Stadt einen Wettbewerb für ein **Bergbaudenkmal** aus. Der Düsseldorfer Bildhauer Max Kratz (1921-2000) gewann den Wettbewerb und begann 1985 an einer Skulptur aus 60 Bronzeteilen, welche im September 1989 auf einer Betonplatte über der Autobahn A40 unweit vom Essener Hauptbahnhof enthüllt wurde. Die Skulptur zeigt die schwierige Arbeit der Bergleute unter Tage an einem steil ansteigenden Flöz.

Bildhauer: Max Kratz (1921-2000), Bronze, 1989
Standort: Europaplatz

Schmied

Der von der Bildhauerin Willy Steger geschaffenen **Schmied** war eigentlich für eine Wettersäule an der Althagener Brücke in Hagen vorgesehen. Doch der städtischen Baudeputation war die sitzende Haltung zu passiv und der Gesichtsausdruck zu melancholisch. So wurde Stegners Schmied in der Stadthalle aufgestellt. Heute sitzt dieser nachdenkliche Schmied am Rande des innerstädtischen Volksparkes.

Bildhauer: Milly Steger (1881-1948), Bronze, 1913
Standort: Im Volkspark an der Karl-Marx-Straße

Drei-Männer-Eck: Binnenschiffer

An einer Stützmauer am Bahndamm standen einst drei Säulen, die mit lebensgroßen Figuren verziert waren. Diese zeigten wichtige Zweige der Herner Wirtschaft wie **Bergmann, Eisenbahner** und **Binnenschiffer**. 1970 wurden die durch Luftverschmutzung beschädigten Figuren abgebaut. Auf dem Bahnhofsplatz wurden später Nachbildungen aufgestellt, die sich um eine Säule gruppieren. Das Bild unten zeigt den **Binnenschiffer**.

Bildhauer: Wilhelm Braun (1880-1945), Stein
Standort: Bahnhofsplatz Wanne-Eickel

Besenbinder

Die Haardt ist ein Mittelgebirgszug am Ostrand des Pfälzer Waldes. Der Preußenkönig Friedrich II erlaubte Protestanten aus der durch Krieg mit Frankreich zerstörten Pfalz sich in der Nähe von Sterkrade, heute Ortsteil von Oberhausen, anzusiedeln. So kam das Dorf zu seinem Namen. Die Böden dort waren wenig fruchtbar. So sammelten viele im Winter Zweige in den Wäldern und stellten daraus **Besen** her und verkauften sie. Das Handwerk bestand sogar noch nach dem 2. Weltkrieg als Kunststoffbesen aufkamen. In den Hüttenwerken bevorzugte man weiter **Reisigbesen**, weil die Birkenzweige beständiger gegen Hitze waren als Plastik.

Bildhauer: Klaus Gehlen/Ernst Klages, Bronze, 2000
Standort: Hartmannstraße, Kreisverkehr Königshardt

3.2 Westfalen

Wie das ganze Bundesland ist auch Westfalen reich an berufsbezogenen Skulpturen. Außerhalb des Ruhrgebietes, dem hier ein eigenes Unterkapitel gewidmet ist, sind Bergbau- und Stahlindustriedenkmale naturgemäß seltener, eine Ausnahme ist das Siegener Land. Dafür gibt es häufiger Weber, Schuster und Händler (Kiepenkerl)-Denkmäler. Auch Bierbrauerdenkmale (Warstein) gibt es sowie solche zu sonst selten dargestellten Berufen, wie etwa ein Hebammendenkmal.

Bierbrauerdenkmal, Domring, Warstein

Hebamme

Bad Sassendorf ist einer der wenigen Orte, wo eine **Hebamme** mit einem Denkmal gewürdigt wird. Konkret handelt es sich um die Hebamme **Johanna Volke** (1892-1963), die mit Hebammentasche, Fahrrad und Hund Asso (den sie mit einem gebrochenen Bein im Straßengraben gefunden und gesund gepflegt hatte) bei jedem Wetter in der Bad Sassendorfer Gegend unterwegs war, um ihre lebenswichtige Arbeit zu leisten. 1960 wurde ihr dafür das Bundesverdienstkreuz verliehen.

Bildhauer: Michael Düchting, Bronze, 2019
Standort: An der Rosenau (Nähe Bahnhofstr.)

Siedeknecht mit Salzesel

In der westfälischen Salzstadt Bad Sassendorf (12 000 Einwohner) hat die **Salzgewinnung** eine lange Tradition. Bereits im 12. Jahrhundert wurde sie urkundlich erwähnt. Einst dienten Esel als Lasttiere, auch für den Transport von Salz. Auf dem zentralen Sälzerplatz des Kurortes ist ein störrischer mit einem Sack Salz beladener Esel zu sehen, der von einem **Siedeknecht** mühsam angetrieben wird. Ab dem 19. Jahrhundert wurde die Salzsole dann zunehmend zu Bade- und Heilzwecken genutzt. Heute findet sich im Kurpark der Stadt ein großes Gradierwerk.

Bildhauer: Hans Gerd Ruwe (1926-1995), Bronze, 1980er
Standort: Sälzerplatz

Leineweber

Der ehemalige **Leineweber Jobst Heinrich Heienbrok** stand für das Denkmal Modell. Der Weber trägt eine Kiepe auf dem Rücken, die Statue ähnelt so dem Kiepenkerl-Denkmal in Münster und gehört in Bielefeld zu den wichtigsten Sehenswürdigkeiten. Die Leinenweberei war einst ein wichtiger Wirtschaftszweig in Bielefeld. Erst wurde die **Handweberei** durch Maschinen ersetzt, doch 1974 schloss auch die letzte Leinenfabrik.

Bildhauer: Hans Perathoner (1872-1946), Bronze, 1909
Standort: Altstädter Kirchpark

Wannenmacher

Im 18. Jahrhundert war Emsdetten ein Zentrum der Produktion von **Worfeln**, Getreideschwingen zum Trenne von Spreu und Getreide. Diese wurden auch als **Wannen** bezeichnet. Damals gab es im Ort 100 Wannenmacherfamilienbetriebe, die bis zu 30 000 Wannen pro Jahr herstellten und der Hälfte der Einwohner Emsdettens direkt oder indirekt Arbeit gaben. Ein Denkmal in der Altstadt von Emsdetten zeigt einen Wannenschieber, der gestapelte Wannen mit einem Handkarren transportiert.

Standort: Kirchstr. 2

Linnenbauer

Am Sockel des Herforder **Linnenbauer**-Denkmals ist zu lesen *Fritken Oberdiek- Der letzte Herforder Handweber des 19. Jahrhunderts.*

Als Gegengewicht gegen die industriell aus Baumwolle produzierten Textilien aus England wurde 1851 ein Verein zur Förderung der **Leinen-Handweberei** gegründet. Dauerhaften Erfolg hatte man nicht und mit **Fritken Oberdiek** (1844-1919) ging der letzte Handweber in Ruhestand. Kurz darauf wurde diesem ein Denkmal gesetzt. Der Kiepenkerl in Münster war dabei das Vorbild für das Herforder Denkmal.

Bildhauer: Gregor von Bochmann, Bronze, 1909
Standort: Linnenbauerplatz

Medebach

Schuhmacher

In Medebach hat das **Schuhmachergewerbe** eine lange Tradition. Bereits im Mittelalter waren hier Schuster tätig, welche Schuhe und andere Lederwaren herstellten und diese, Medebach war Mitglied des Handelsbundes Hanse, sogar europaweit verkauften. 2018 wurde an zentraler Stelle ein **Schusterdenkmal** aufgestellt, das an die Gewerbe- und Handelstradition der Stadt erinnern soll.

Bildhauer: Kunstgießerei Plein, Bronze, 2018
Standort: Ecke Österstr./Niederstr.

Kiepenkerl

Die von August Schmiemann geschaffene, 1896 eingeweihte Statue des **Kiepenkerls** ist eine wichtige Identifikationsfigur Münsters. Als sie die Luftangriffe vom Oktober 1943 unbeschadet überstand, nutze das die nationalsozialistische Propaganda für ein Durchhalteplakat (*Wie staoht fast*). Als die Amerikaner 1945 einmarschierten, zerstörte jedoch ein Panzer die Gips-Statue. Nachdem Neuentwürfe Ablehnung fanden, wurde die ursprüngliche Gipsfigur als Bronzestatue originalgetreu neu gegossen. Am Denkmal ist zu lesen:

1896 von August Schmiemann geschaffen, 1945 zerstört, 1953 als Nachguss wieder aufgestellt.
Der typische Kiepenkerl wanderte noch bis in die 20erJahre als Kleinhändler mit seinem grossen Rückenkorb,
der Kiepe, durchs Münsterland und überbrachte als gerngesehener mittler zwischen Stadt und Land auch Briefe und Neuigkeiten.

Bildhauer: Albert Mazotti und Heinrich Ostlinning, Bronze 1953
Standort: Spiekerhof/Bergstraße

Olpe

Pannenklöpper

Im Jahre 1567 wurde in Olpe die Schmiedezunft eingerichtet. Dazu gehörten Kessel- und Pfannenschmiede (Pannenklöpper). Das Schmiedehandwerk, und dabei besonders die Pfannenherstellung, `verdankt die Stadt seit etwa 1500-1800 Wohlstand und Ansehen´ (Text an der Skulptur). So kamen die Olpener auch zum Beinamen **Pannenklöpper**. In den 1980er und 90er Jahren hat Robert Heer (1927-2008) als `letzter Olper Pannenklöpper´ das Handwerk wieder aufleben lassen, allerdings mit Kupfer- statt mit Eisenpfannen.

Bildhauer: Karl-Heinz Klein, Bronze, 1982
Standort: Marktplatz Olpe

Raesfeld

Ausrufer

An der vom Raesfelder Bildhauer- und Steinmetzmeister Guido Löchteken geschaffenen und vor dem Raesfelder Rathaus auf einem Stein aufgestellten Bronzefigur ist zu lesen:

*Der `**Ausrufer vom dicken Stein**´ ist das historische Verkündungsorgan Raesfelds. Das Original aus Fleisch und Blut verlas ursprünglich auf einem dicken Stein an der Raesfelder Kirche stehend bis in die 1960er Jahre hinein über 100 Jahre lang wichtige Bekanntmachungen. Geschäftsöffnungen, fällige Steuern, den Verkauf von Fleisch auf der Freibank, aber auch die Rücknahme von Beleidigungen.*

Bildhauer: Guido Löchteken, Bronze, 2004
Standort: Am Rathaus

Bergmann (Henner)

Die vom Siegener Bildhauer Friedrich Reusch geschaffenen Skulpturen **Henner und Frieder** gehören zu den wichtigsten Symbolfiguren der Stadt Siegen. Die lebensgroßen Bronzeskulpturen wurden für die Industrie- und Gewerbeausstellung Düsseldorf 1902 geschaffen. Vorbild für die Figur des Bergmanns (Henner) war der Hammerwerk-Arbeiter **Philipp Hüttenhain**. Als die Wehrmacht im März 1945 die Siegbrücke sprengte, stürzten die beiden Figuren in den Fluss. Die beschädigten Figuren konnten jedoch geborgen und restauriert werden.

Bildhauer: Friedrich Reusch (1843-1906), Bronze, 1902
Standort: Oberstadtbrücke

Hüttenmann (Frieder)

Im Siegener Land wurde bis 1965, insgesamt mehr als 2000 Jahre lang, Eisenerz abgebaut. Aus der Weiterverarbeitung des Erzes entstand eine entsprechende Metallindustrie. Die Bronzefiguren **Henner und Frieder** stehen für diese einst wichtigen Wirtschaftszweige des Siegener Landes. **Friedrich Bingener** stand Anfang des 20. Jahrhunderts Vorbild für die Figur des Hüttenmanns, insofern passt der Spitzname der Figur. Im Jahre 2015 wurden Henner und Frieder von der Siegbrücke zur Oberstadtbrücke versetzt.

Bildhauer: Friedrich Reusch (1843-1906), Bronze, 1902
Standort: Oberstadtbrücke

Münzschläger

Ein Messingschild informiert, dass der **Münzschläger** 2003 auf dem Wipperfürther Marktplatz (vor der Sparkasse, weil von dieser finanziert) aufgestellt wurde:
Als Erinnerung daran, dass die Grafen von Berg ab 1275 etwa 100 Jahre lang in Wipperfürth Münzen prägen ließen.
Wipperfürth liegt an der Wupper, gehörte der Hanse an und wurde 1131 erstmals schriftlich erwähnt.

Bildhauer: Josef Vavro (*1957), Bronze, 2003
Standort: Marktplatz

3.3 NRW-Rheinland

Im nordrheinwestfälischen Rheinland gibt es recht viele Berufs-
denkmale. Vom Bergbau bis zum Handwerk ist alles vertreten.

Selbst am Westrand des Rheinlandes, weit vom Ruhrgebiet, gibt es
Bergbaudenkmäler. So erinnert eines zum Beispiel im Kreisver-
kehr von Würselen-Bardenberg, dass an dieser Stelle ab 1818
Kohle gefördert wurde. Ab 1827 gingen von hier sogar schon 470
Kohlefuhrwerke pro Tag ab (die Eisenbahn kam erst 1835 nach
Deutschland). Ein weiteres 1979 (Künstler Hubert Löneke), im be-
nachbarten Alsdorfer Ortsteil Mariadorf aufgestellt, erinnert daran,
dass hier von 1848 bis 1962 Kohle abgebaut wurde.

Bildhauer: Gerhard Hensen, Bronze, 2009
Standort: Würselen-Bardenberg, Kreisverkehr

Aachen

Pennsoldat

An der Bronzefigur des **Pennsoldaten** ist zu lesen:

Der schnitzende Pennsoldat erinnert an die Aachener Stadtmiliz,
die her zur Bewachung des Marschiertores stationiert war.
Zur Aufbesserung ihres kargen Wehrsolds schnitzten die Wachsol-
*daten dünne **Holzpinne** (mundartlich Penn) zur Schuhbesohlung.*

Der älteste Aachener Karnevalsverein gründete sich im März 1853
und gab sich den Namen Stadtgarde Oecher Penn.

Bildhauer: Klaus Gehlen, Bronze, 2007
Standort: Marschiertor

Nadelsortierer (Klenkes)

In Aachen gab es einst eine bedeutende **Nadelindustrie**. Oft wurden Kinder als Arbeiter eingesetzt. Diese nutzen zum Aussortieren der Nadeln ihren rechten kleinen Finger. Wurde diese Tätigkeit länger ausgeführt, resultierte sie in Wuchsfehlern des kleinen Fingers. Die Aachener konnten sich so in der Ferne am kleinen deformierten Finger, dem **Klenkes**, erkennen. Die Nadelindustrie ist verschwunden, doch Klenkes ist heute noch ein in Aachen-spezifisches Wort, ein Stadtmagazin heißt zum Beispiel so.

Bildhauer: Hubert Löneke (1926-2011), Bronze, 1970
Standort: Holzgraben

Professor

Mit dem bei Einheimischen und Touristen beliebten Aachener
Puppenbrunnen mit seinen beweglichen Gliedern hatte der Bildhauer Bonifatius Stirnberg 1975 so großen Erfolg, dass er sich
künftig nicht mehr um Aufträge sorgen musste. Zahlreiche Orte
ließen ähnliche Brunnen errichten und noch heute, mit 90, ist Stirnberg im Geschäft. Der Puppenbrunnen zeigt für Aachen wichtige
Tätigkeiten und Berufe. Darunter sind ein Reiter, ein Bischof, ein
Modepüppchen (Textilindustrie) und eine Marktfrau. Auch ein
Professor ist darunter, denn mit der RWTH Aachen (47 000 Studenten) ist Aachen ein wichtiger Hochschulstandort.

Bildhauer: Bonifatius Stirnberg, Bronze, 1975
Standort: Krämerstr. 27

Straßenbahnfahrer

Aachen hatte von 1880 bis 1974 eine **Straßenbahn**. Zum Netz gehörten auch zahlreiche Überlandstrecken, auch nach Belgien und in die Niederlande, bis zum 1. Weltkrieg das viertgrößte Tramnetz Deutschlands. 1974 endete der Betrieb der mittlerweile als altmodisch und als Verkehrshindernis geltenden Tram in Aachen. Kurz nach ihrer Stilllegung kam es mit der Ölkrise weltweit zu einem Umdenken und bald zu einer Renaissance der Straßenbahn. Auch in Aachen wird die Wiedereinrichtung immer wieder diskutiert. Der heute 90jährige Aachener Bildhauer Bonifatius Stirnberg hat die Öcher Tram in einem Standbild verewigt, als der Oberplatz 2002-2004 saniert wurde, komplett mit Straßenbahnfahrer.

Bildhauer: Bonifatius Stirnberg (*1933), Bronze, um 2002
Standort: Oberplatz

Ziegelbrenner

Die niederländische Gemeinde Brunssum schenkte Alsdorf im Jahre 2008 zum 20jährigen Jubiläum der Städtefreundschaft den **Brikkebekker (Ziegelbrenner)**. Wie Alsdorf war das limburgische Brunssum einst eine Steinkohlebergbaustadt. Da für den Bau der vielen Produktionsanlagen eine große Zahl von Ziegeln notwendig war, hatte einst parallel zum Bergbau auch die Ziegelbrennerei Konjunktur.

Bildhauer: Jan Daemen, Bronze, 2008
Standort: Brunssumer Platz

Papierschöpfer

Bergisch-Gladbach war bis zur endgültigen Insolvenz der seit 1822 bestehenden Firma Zanders im Jahre 2021 ein wichtiger Papierfabrikationsstandort. **Papierherstellung** gab es hier bereits seit 1582. Im Jahre 1982 wurde in der Stadt das Denkmal **Papierschöpfer** aufgestellt, um an die Gladbacher Papier-Arbeiter zu erinnern, die zum Erfolg des Wirtschaftszweiges und der Firma Zanders beigetragen hatten.

Bildhauer: Werner Franzen (1928-2014), Bronze, 1982
Standort: Konrad-Adenauer-Platz

Schmied mit Knabe

Bis zu seiner Zerstörung im 2. Weltkrieg gab es in Düsseldorf ein großes **Moltke-Denkmal** des Bildhauers Josef Tüshaus. An seiner Seite waren zwei Figurengruppen zu sehen, darunter ein **Schmied mit Knabe**. Nur letztere hat den Krieg überstanden und steht heute noch auf diesem Platz. An der Statue ist der anekdotenhafte rheinische Spruch des Schmiedes zu lesen, welcher sich aus seiner Fingerhaltung ableitet: "JONG, JANCK EN DE ALDESTADT ON HOL MECH FöNEF ALT" (Junge, geh in die Altstadt und bring mit fünf Altbiere.)

Bildhauer: Joseph Hammerschmidt (1873-1926), Bronze, 1901
Standort: Martin-Luther-Platz

Weber

1984 wurde auf dem Alten Markt in Euskirchen ein Brunnen aufgestellt, gestaltet vom im Rheinland sehr präsenten Aachener Bildhauer **Bonifatius Stirnberg** auf welchen drei einst in der Stadt vor-
herrschende Berufe in natürlicher Größe dargestellt sind. Ein
Weber, ein Gerber und eine Bäuerin. Mit seinem **Webstuhl** nimmt
der Weber den meisten Platz ein.

Bildhauer: Bonifatius Stirnberg (*1933), Bronze, 1984
Standort: Alter Markt

Sämann

Der Saemann von Olaf Höhnen bestand erst nur als kleine Figur. Nachdem Olaf Höhnen 2013 verstorben war, kam die Idee auf, als Andenken an ihn die Figur in lebensgroßem Maßstab zu erstellen. Die Arbeit wurde von der im Rheinland lebenden tschechischen Künstlerin Dagmar Stransky ausgeführt.

Bildhauer: Olaf Höhnen/Dagmar Stransky, Bronze, 2013
Standort: Ecke Krankenhausstraße/Heinrich-Höschler-Straße

Korbflechter

Einst gab es im Dorf Hilfrath 300 **Korbmacher**. Noch um 1950 waren es 200, in der ganzen Rurtalregion etwa 1500. Ihr Arbeitsmaterial lieferten die Weidenbäume an den Ufern der Rur. Heute gibt es entlang der Rur nur noch wenige, meist betagte Korbmacher. Um die Erinnerung an diesen Gewerbezweig aufrecht zu erhalten, gibt es seit 2003 ein Korbmachermuseum in Hilfrath und seit 2015 die **Bronzestatue eines Korbmachers**, welche Ähnlichkeit mit Gustav Dieck hat, Ratsmitglied der Stadt Hückelhoven und Mitglied im Korbmacherverein von Hilfrath.

Bildhauer: Klaus Gehlen, Bronze, 2015
Standort: Kreisverkehr Breite Straße (Höhe Fichtenstraße)

Wissenschaftler

Der vom Aachener Bildhauer Stirnberg gestaltete *Muttkratebrunnen* zeigt, beaufsichtigt von Minerva vier Persönlichkeiten und berufe, die für Jülich von Bedeutung sind. Darunter ist auch ein **Naturwissenschaftler** mit einem Reagenzglas, denn im **Forschungszentrum Jülich** sind 7000 Menschen beschäftigt.

Bildhauer: Bonifatius Stirnberg (*1933), Bronze, 2011
Standort: Schloßplatz Ecke Kölnstraße/Kurfürstenstraße

Maler

Zu den Berufen und Persönlichkeiten, die auf dem vom Aachener Bildhauer Stirnberg gestaltete **Muttkratebrunnen** zu sehen sind, gehört auch ein Maler, der in Jülich geborene Landschaftsmaler Johann Wilhelm Schirmer (1807-1863).

Bildhauer: Bonifatius Stirnberg (*1933), Bronze, 2011
Standort: Schloßplatz Ecke Kölnstraße/Kurfürstenstraße

Zigarrendreher

Eine Tafel am **Zigarrendreher**-Denkmal informiert, dass schon 1804 in Kaldenkirchen die erste Tabakfabrik in Betrieb genommen wurde und dass diese Industrie im Jahre 1921 genau 1217 Personen beschäftigte, 65 % der in Kaldenkirchen arbeitenden Bevölkerung.

Bildhauer: Loni Kreuder, Bronze, 1990
Standort: Kehrstr. 93, Nettetal-Kaldenkirchen

Nettetal-Schaag

Gerber

Im Nettetaler Ortsteil Schaag entwickelte sich im 19. und frühen 20. Jahrhundert eine kleine Industrie aus **Gerbereien und Leder-verarbeitung**. Die Schaager werden deshalb auch als **Gerber** bezeichnet. Eigentlich gab es auch eine Zigarrenproduktion. Doch dafür war Kaldenkirchen typischer und dort gab es auch schon ein Denkmal. Also entschied sich ein örtlicher Verein für ein Gerberdenkmal, welches im September 2012 aufgestellt wurde.

Bildhauer: Wolfram Schobel-Gundhardt, Beton, 2012
Standort: Hubertusplatz Schaag

Kanalarbeiter

Im Jahre 2004 wurde in Neuss von Mitarbeitern der Stadtentwäs-
serung die Skulptur `Der Kanalarbeiter´ enthüllt. Die *Heimat-
freunde Neuss* wollten damit alle ehren, die die Stadt und ihren Un-
tergrund funktionstüchtig halten. Bewusst gab der Bildhauer
Michael Franke dem Kanalarbeiter, statt einen jugendlichen
Schönling darzustellen, reifere Gesichtszüge, um so die Bedeutung
der Generation 50+ in der Arbeitswelt zu unterstreichen, Auch der
Kanaldeckel ist einem echten nachempfunden.

Bildhauer: Michael Franke, Bronze, 2004
Standort: Hamtorstraße/Ecke Neustraße

Klingenschmiede

Einst stand am Alten Markt in Solingen ein **Klingenschmied**-Brunnen, auf welchem ein später als martialisch empfundener Waffenschmied dargestellt war. Im Krieg 1944 durch Bomben zerstört, gab es lange Rufe nach einer Wiederherstellung. Schließlich rang man sich zu einer freundlicheren, passiveren Darstellung des in der Klingenstadt verwurzelten Schmiedehandwerks durch. Die Betonung des 2011 aufgestellten Denkmals liegt auf der Darstellung des Schmiedevorgangs. Die Schmiede selbst sind zurückhaltend, ohne die entschlossene Physis des alten Denkmals dargestellt.

Standort: Alter Markt
Bildhauer: Henryk Dywan (1933-2022), Bronze, 2011

Messerschleifer

Bereits 1987 wurde in Solingen-Wald die Bronzeplastik des **Schleifers an der Pliestscheibe** aufgestellt, die einen Messerschleifer zeigt, der an einer mit rauem Leder überzogenen Holzscheibe (einer Pliestscheibe) arbeitet. So bekamen hochwertige Klingen eine besonders glatte Oberfläche. Der Fokus des Bronzedenkmals des Solinger Künstlers **Henryk Dywan** (1933-2022) ist der ganze Arbeitsplatz mit Rohlingen und weiteren Details, die Persönlichkeit des Schleifers tritt eher zurück.

Standort: Alter Markt
Bildhauer: Henryk Dywan, Bronze, 1987

Jauchegrubenleerer

Peter Anton Stamm (1836-1895) war ein Handlanger, der mit einem **Tienfass** (Jauchefass) auf einem Holzschubkarren und einer Schöpfkelle die Jauchegruben der Häuser in Dülken leerte. Daher der Spitzname **Tien-Anton** (Jauche-Anton). Das Denkmal zeigt den trotz seiner schweren Arbeit lebensfrohen Mann mit seiner typischen Kleidung, Holzschuhe, Mantel und einem Bowlerhut.

Bildhauer: Hubert Löneke, Aachen (1926-2011), Bronze, 1980
Standort: Blauensteinstr. 18, Viersen-Dülken

Kalkwerker

Der **Kalkabbau** in Tagebauen im Wülfrather Kalkgebiet zählt zu den bedeutendsten Wirtschaftszweigen in der Stadt, das örtliche Kalkwerk zählt zu den größten Europas. Kein Wunder, dass es in der Fußgängerzone die Bronzestatue eines **Kalkwerkers** (um 1900) gibt, geschaffen vom Wülfrather Bildhauer Kurt Raeder.

Bildhauer: Kurt Raeder (1930-2018), Bronze
Standort: Wilhelmstr./Heumarktstr.

4. Rheinland-Pfalz und Hessen

Linz

Marktfrau

Am Linzer Denkmal für die Buttermarktfrau, die Landfrau Agnes, welches 1986 errichtet wurde, ist zu lesen:

Zum Gedenken an die Landfrauen aus dem Westerwald, den rechts- und linksrheinischen Dörfern, die hier auf dem Buttermarkt ihre landwirtschaftlichen Erzeugnisse feilboten. Diese Landfrauen hatten teilweise Fußmärsche von 20 km zurückzulegen.

Bildhauer: Josef Kaspers, Stein, 1986
Standort: Buttermarkt

Schürgen

In der Innenstadt von Neuwied erinnert das **Schärjer**-Denkmal daran, dass Hafenarbeiter als **Schürgen** (Schärjer im Neuwieder Dialekt) früher in Schwerstarbeit Schiffe mit Bimsstein beluden. Auf dem Denkmal bewegt der Schärjer seine Schärskaa (Schubkarre, Schürreskarre) Richtung Rhein. Noch heute ist Schärjer ein Beiname der Neuwieder (**Naiwidder Schärjer**).

Im Schärjer Lied, das als Neuwieder Hymne gilt, sagt der Refrain: *Mir sein Naiwidder Schärjer seit über dreihundert Johr..*

Standort: Rheinstraße 11/ Mittelstraße 3/4

Rotenburg

Schleichwächter

Schleichwächter hatten einst die Aufgabe, so geräuschlos wie möglich die Straßen zu patrouillieren. Dafür waren sie mit alten Speeren bewaffnet. Sie versahen ihre Aufgabe so vorsichtig, dass ihnen gar nicht auffiel, was in der Nacht geschah. Da nicht klar war, welchen Nutzen sie brachten, wurde der Dienst bald wieder eingestellt.

Bildhauer: Ewald Rumpf, Bronze, 2010
Standort: Steinweg/Kirchplatz

5. Baden-Württemberg

In Baden-Württemberg sind Berufs- und Arbeitsdenkmäler vor allem im badischen Landesteil zu finden.

Eberbach

Steinhauer

Die Webseite der Stadt Eberbach informiert unter Kunst in Eberbach über das **Steinhauerdenkmal** an der Neckaranlage:

`Um 1900 gab es in Eberbach und Umgebung 46 Steinbrüche mit 320 Arbeitern, diese mussten zum Teil täglich eine einfache Wegstrecke von 8 - 12 km zu ihren Arbeitsplätzen zurücklegen. Ein Knochenjob - für 56 Pfennig die Stunde! Die Härte des Steinhauerberufs zeigte sich auch in der durchschnittlichen Lebenserwartung von nur 40-45 Jahren. Die häufigste Todesursache war die sogenannte Staublunge.´`

Bildhauer: Hatto Zeidler, Sandstein/Bronze, 2012
Standort: Neckaranlage (Park am Neckarufer)

Treidler

Das dramatische **Treidler-Denkmal** des Bildhauers Waldemar Schröder (Guß Straßacker) wurde 2010 an der Neckaranlage enthüllt. Eine Tafel informiert:

Treideln bezeichnet das Schiffe-Ziehen durch Menschen oder Zugtiere. Die Treidler zogen die Schiffe auf ufernahen "Leinpfaden" an einer langen, am Schiffsmast befestigte Leine stromaufwärts. Eberbach war ein zentraler Ort des Treidelns am Neckar, hier wechselte der Leinpfad von der linken auf die rechte Flussseite und die Treidler fanden in der Treidelstation "Grüner Baum" Herberge. Mit dem Aufkommen der Dampfschifffahrt um 1850 endete dieses uralte Gewerbe.

Bildhauer: Waldemar Schröder, Bronze, 2010
Standort: Neckaranlage (Park am Neckarufer)

Reifschneider

Am im Jahre 2006 aufgestellten **Reifschneider** Denkmal des Eberbacher Bildhauers Gerald Hildenbrand ist Folgendes zu lesen:

Über Jahrhunderte hinweg fertigten Eberbacher Reifschneider spezielle Holzreifen für Pack- und Leichtfässer, in denen Güter wie Pulver, Heringe oder auch Chemikalien transportiert wurden. Geeignete Holzstangen (meist Hasel) lieferte der hier verbreitete Niederwald.

Bildhauer: Gerald Hildenbrand, Bronze, 2006
Standort: Neckaranlage (Park am Neckarufer)

Rindenklopferin

Am 2008 in der Neckaranlage aufgestellten **Rindenklopfer**-Denkmal des Eberbacher Bildhauers Hildenbrand informiert eine Tafel:

In der Niederwaldwirtschaft erfolgte alle 15 Jahre die Nutzung eines Waldbezirks, weil die Rinde von 15-jährigen Eichen den höchsten Gehalt an Gerbsäure besitzt. Die Eichenstämme wurden geklopft und geschält, die Rinde auf Böcken getrocknet und and Lohgerbereien verkauft. Blütezeit dieses Waldgewerbes war das 19. Jh. 80 Prozent der Waldfläche wurden so genutzt.

Bildhauer: Gerald Hildenbrand, Bronze, 2008
Standort: Neckaranlage (Park am Neckarufer)

Eppelheim

Maurer

Als in der Gründerzeit Ende des 19. Jahrhunderts in Heidelberg ein Bauboom einsetzte, wurden zahlreiche **Maurer** gebraucht. Diese siedelten sich im preisgünstigen, nahe gelegenen Dorf Eppelheim an. Eppelheim wurde so zum `Maurerdorf´.

Bildhauer: Günter Braun, Bronze
Standort: Hauptstr. 64

Steinhauer

Einst blühte in Östringen-Odenheim das **Steinhauergewerbe**. 1997 wurde deshalb in der Ortsmitte ein Brunnen mit einer Steinhauer-Figur aufgestellt. Diese ist dem einstigen Steinhauer und lokalen Original **Franz Schäfer** nachempfunden.

Steinmetzbrunnen: Rolf Scheuring, Bronze, 1997
Standort: Eppinger Straße, Nähe Rathaus (Ortsmitte)

Schmuckarbeiter (Rassler)

Seit Mitte des 19. Jahrhunderts kamen täglich Arbeiter und Arbeiterinnen aus den Nachbargemeinden zu Fuß in die Stadt, um in der Pforzheimer **Schmuckindustrie** tätig zu werden. Wegen der Geräusche, die ihre genagelten Schuhe im schnellen Schritt auf dem Steinpflaster erzeugten und wegen des Klapperns des mitgebrachten Essgeschirrs wurden sie **Rassler** genannt. Der Karlsruhe Bildhauer Fritz Theilmann (1902-1991) hat ihnen in Pforzheim unweit des Bahnhofs ein Denkmal geschaffen.

Bildhauer: Fritz Theilmann, Bronze, 1982
Standort: Poststr. (nähe Bahnhof)

6. Bayern

Trambahnritzenreinigungsfrau

Bei der Straßenbahn München arbeiteten noch im ersten Drittel des 20. Jahrhunderts etwa zwei Dutzend Frauen als **Trambahnschienenritzenreinigerin**. Die Arbeitskleidung bestand aus einem grünen Hut und grau-grünem Mantel mit Arbeitsschürze darüber. Besonders sichtbar waren sie so jedoch nicht. Deshalb kam es immer wieder zu Unfällen, Frauen wurden angefahren und verletzt. Um 1935 verschwand schließlich der Beruf. De bayerische Komödiantin Ida Schumacher (1894-1956) hat in ihrem Lied *Die Trambahnritzenreinigungsdame* dem Berufsstand eine gesanglich-literarische Ehre erweisen.

Standort: Seeriederstr. 1 (Au-Haidhausen)

Lohr

Eisengießer

Lohr ist Sitz Von Bosch-Rexroth, dem Weltmarktführer für hydraulische Steuerungen und Antriebe. Der Ursprung des Unternehmens lag in einem Eisenwerk. Deshalb steht am früheren Haupteingang der Firma die Figur eines **Eisengießers**. Der Inhaber Alfred Rexroth hat mit dem örtlichen Bildhauer Hermann Amrhein 1970 das Kunstwerk konzipiert. Es wurde jedoch erst 1992 durch Julian Walter umgesetzt.

Bildhauer: Hermann Amrhein, Bronze, 1970
Standort: Grabenstraße

Rußbuttenträger

An der Brücke über die Eger im oberfränkischen Marktleuthen steht die Plastik eines **Rußbuttenträgers**. Diese erinnert an die Händler, die in Butten genannten Gefäßen **Kienruß** bis nach Sachsen transportierten. Kienruß wurde einst als schwarzes Farbmittel für die Herstellung von Buch-, Stein- und Kupferdruckfarben verwendet. Mit Schweineschmalz vermischt diente es sogar als Schuhwichse.

Bildhauer: Rudolf Ostermaier, Bronze, 1963
Standort: Egerbrücke

7. Sachsen-Anhalt

Architekt

Das Bauhaus wurde 1919 von Walter Gropius in Weimar gegründet. Doch frühe nationalsozialistische Tendenzen in der Klassikerstadt trieben es 1925 nach Dessau, wo 1926 das Bauhausgebäude bezogen wurde. 1932 musste das Bauhaus nach Berlin weiterziehen, bis es 1933 geschlossen wurde. Der **Architekt Walter Gropius** wanderte nach Amerika aus.

Bildhauer: Christine Rammelt-Hadelich, Bronze, 2021
Standort: am Brunnen Stadtgespräch im Stadtpark

79

Gerber

Gerber gab es früher in fast allen Städten, Gerberdenkmale findet man heute jedoch eher in kleineren Orten. Als ich den Gerber-Brunnen in Wolmirstedt im Sommer 2020 besuchte, wirkte er recht neu, obwohl er schon 2006 aufgestellt wurde. Der Brunnen war jedoch in einer Nacht im März 2019 mutwillig beschädigt worden und glänzte nach Wiederherstellung 2020 in neuer Frische.

Bildhauer: Werner Bruning, Bronze, 2006
Standort: Gelände Vorburg

8. Europa

In allen großen europäischen Städten gibt es zahlreiche Bronzestatuen. Meist sind jedoch Regenten oder Heilige dargestellt. Denkmale für Berufe gibt es außerhalb Deutschlands vor allem in den Beneluxländern. In Belgien sind sie durch die Pionierarbeit des Bildhauers Constantin Meunier (1831-1905) in Bezug auf Arbeiterdenkmäler besonders häufig. Im Brüsseler **Jardin Botanique** sind nicht weniger als 30 Bronzefiguren (einst waren es sogar 52) zu finden. Darunter ist die **Statue Olivenbaum/Frieden** von **Leon Mignon** (1847-1898), die einen Bauern mit Pflug und Ochsen zeigt.

Bildhauer: Leon Mignon, Bronze, 1894
Standort: Jardin Botanique, Bruxelles

8.1 Belgien

Sämann

Im Brüsseler **Jardin Botanique** sind nicht weniger als 30 Bronze-figuren (einst waren es sogar 52) zu finden. Darunter ist der **Herbst** (**Sämann**) vom berühmten belgischen Bildhauer Constantin Meunier (1831-1905) zu finden.

Bildhauer: Constantin Meunier, Bronze, 1894
Standort: Jardin Botanique, Bruxelles

Bierprüfer

Das flämische Diest war einst eine führende belgische **Bierstadt**. Seit dem 17. Jahrhundert florierte die **Bierherstellung** in der Stadt und im 19. Jahrhundert war es der wichtigste Wirtschaftszweig mit dutzenden Brauereien. Im 20. Jahrhundert kam es jedoch zu einem Niedergang und 1979 schloss die letzte große Brauerei der Stadt. Seit 1985 erinnert ein Bierprüferdenkmal an die Zeit als Bierstadt.

Bildhauer: Kristien Praet, Bronze, 1985
Standort: Michel Theysstraat

Bäcker

Bäcker gab und gibt es eigentlich in jeder Stadt, doch Bäckerdenkmäler sind eher selten. In der belgischen Universitätsstadt Löwen (Leuven) hat die Bäckerinnung 1979 das Standbild **Dorre, de Bakker** (der Bäcker) finanziert. Mehrmals musste es bereits erneuert werden. Im August 2011 wurde es von einem Lieferwagen umgefahren. Im Juli 2022 fiel das Standbild um, als sich ein Tourist an es lehnte. Bei meinem Besuch im März 2023 stand es ziemlich fest.

Bildhauer: Roland Rens (1952-2007), Bronze, 1979
Standort: Diestsestraat/Kreuzung Vaartstraat

Kanalgräber

Am Denkmal **Kanalgravers** (Kanalgräber), welches am 26. August 2000 eingeweiht wurde, steht auf Niederländisch zu lesen:

> *Vor 250 Jahren gruben 500 Arbeiter zwei Jahre lang am Kanal Leuven-Dijle.*

Die älteste Universitätsstadt des Beneluxraumes bekam so Zugang zum Binnenschiffsverkehr, was ihr wirtschaftliche Impulse verlieh. Unweit des Stichkanals siedelten sich große Brauereien an.

Bildhauer: Willy Peeters, Bronze, 2000
Standort: Vaartkom

Kotmadam

In Flandern ist **kot** ein Ausdruck für eine Studentenbude. Eine **Kotmadam** ist die Frau, welches diese vermietet.

Als die Bronzefigur Kotmadam 1985 am Ausgehbrennpunkt Oude Markt in Löwen (Leuven) eingeweiht wurde, war die damals älteste Löwener Kotmadam **Maria Swerts** zugegen. Die Bronzefigur einer attraktiven schlanken Frau entsprach jedoch gar nicht dem Klischee einer typisch älteren, vollschlanken Kotmadam.

Bildhauer: Freed Bellefroid (1945-2022), Bronze, 1985
Standort: Oude Markt

Mesen

Soldat

In Mesen, der kleinsten flämischen Stadt, steht ein Denkmal für die **neuseeländischen Soldaten** des 1. Weltkriegs, welche im Jahre 1917 in der Schlacht in den Höhen von Mesen gegen die Deutschen gekämpft hatten. Das Denkmal wurde im April 2014, fast 100 Jahre nach Kriegsbeginn, durch den neuseeländischen Botschafter und den Bürgermeister von Mesen enthüllt.

Bildhauer: Jan Dieusaert, Bronze, 2014
Standort: Markt

Drahtflechterin

Das flämische Ninove war Anfang des 20. Jahrhunderts eine Industriestadt mit Eisengewerbe. Hausfrauen und Gesinde konnten sich damals mit dem Flechten von dünnem Draht in Heimarbeit ein mageres Zubrot verdienen.

Bildhauer: Gis de Mayer (*1942), Bronze, 2002
Standort: Graanmarkt

8.2 Niederlande

Kerkrade

Der Bergmann (D´r Joep)

D´r Joep ist das niederländische Nationalmonument für die Bergleute. Bereits im Jahre 1939 schlug Jean Hermans aus Kerkrade, Sohn eines verunglückten Bergmanns, vor, ein Denkmal zu Ehren der Bergarbeiter des Abbaugebietes **Mijnstreek** zu errichten. Durch den Krieg verzögerte sich jedoch die Fertigstellung bis ins Jahr 1957. Zwölf Jahre später (1969) wurde in Kerkrade das letzte Kohlebergwerk der Niederlande stillgelegt.

Bildhauer: Wim van Hoorn (1908-1979), Bronze 1957
Standort: Marktplatz

Eindhoven

Glühlampenmacherin

Der Unternehmer Philips gründete einst in Eindhoven eine Glüh-
lampenfabrik, weshalb die Stadt auch Lichtstadt genannt wird. Die
Figur **Lampenmaakstertje** (Lampenmacherin) des niederländi-
schen Bildhauers van Riemsdijk ist allen Frauen gewidmet, die früher in den Fabriken von Philips arbeiteten. Vor allem junge Frauen
und Mädchen wurden beschäftigt, da sie mit ihren zierlichen Fin-
gern das Innere der Lampen bearbeiten konnten.

Bildhauer: Jos van Riemsdijk (1915-2005), Bronze, 1966
Standort: Emmasingel, Eingang Philips-Museum

Schlusswort

Ich hoffe, die kleine Sammlung von Denkmälern für Berufe ist für die LeserInnen unterhaltsam und anregend. Über Hinweise zu weiteren interessanten Denkmälern würde ich mich freuen. Kommentare zur bestehenden Sammlung sind ebenfalls willkommen. Am besten an:
Richard.deiss@gmail.com

In Landau/Isar gesehen.

Zum Autor

Richard Deiss stammt aus Isny im Allgäu, studierte in den 1980er Jahren in München Geografie und arbeitete ab den 1990er Jahren als Verkehrsplaner und im Bereich der Statistik. Heute lebt er in Wuppertal und Berlin. Bei BoD hat er seit 2006 bereits mehr als 50 Titel publiziert, zuletzt neun Bücher zu von ihm besuchten Städten und 2 Wortspielbücher. Zurzeit arbeitet er an einer Buchreihe zu Gedenk- und Informationstafeln. Seine Bücher decken Themengebiete ab, zu denen es bisher wenige Veröffentlichungen gibt. Es ist ihm ein Anliegen, seine Leserschaft damit zu unterhalten, zu erstaunen und zu erheitern.

Quellennachweis:

Bilder: Richard Deiss

Texte: Informationen zu den Texten

Allgemein

Wikipedia (Quelle für viele Skulpturen)
(www.wikipedia.de)

Kultur Landschaft digital (kuladig)
https://www.kuladig.de/

Kunst SH (Kunst Schleswig-Holstein & Hamburg)
https://sh-kunst.de/

Skulpturen NRW
https://skulpturen.kulturraum.nrw/duesseldorf/joseph-hammerschmidt/schmied.html

Vanderkrogt
https://statues.vanderkrogt.net/

Bildhauer

Jan Dieusaert
https://www.dieusaert.net/nl/

Michael Düchting (Bildhauer)
http://www.bildhauer-michael-duechting.de

Werner Franzen
https://www.galerie-kocken.de/portfolio-item/franzen-werner/

Klaus Gehlen (Bronze Atelier)
www.klausgehlen.de

Gerhard Hensen
http://www.gerhardhensen.de

Gerald Hildenbrand
https://www.bildhauer-eberbach.de/steinskulpturen

Gis de Mayer
https://www.leonhardsgallery.com/artist/gis-de-maeyer/#

Kunstgießerei Plein
https://www.plein.de/

Kristien Praet
https://www.kristienpraet.be/

Gerhard Rommel
https://www.kunsthandel-karger.com/werk_kat/rommel/kh_rommel.htm

Ewald Rumpf
http://ewald-rumpf.de/

Bonifatius Stirnberg
https://de.wikipedia.org/wiki/Bonifatius_Stirnberg

Bernd Streiter
www.bernd-streiter.de

Fritz Theilmann
http://www.fritz-theilmann.de/

Raik Vicent
https://www.holzskulpturen-vicent.de

Giganten aus Stahl (Firma)
https://www.giganten-aus-stahl.de

Hatto Zeidler
https://www.bildhauer-zeidler.de/galerie

Wichtige Denkmale

Charlotte Müller, Göttingen
https://geschichtswerkstatt-goettingen.de/stadtrundgaenge/frauengeschichte-19-jahrhundert/marktfrauen/charlotte-mueller.html

Eisengießer, Dortmund
https://www.nordstadtblogger.de/serie-nordstadt-geschichten-der-von-buergern-gestiftete-eisengiesser-brunnen-auf-dem-freiherr-vom-stein-platz/

Steile Lagerung, Essen
https://www.lokalkompass.de/essen-west/c-kultur/die-bergbauplastik-steile-lagerung_a1817968

Kiepenkerl, Münster
https://www.stadt-muenster.de/tourismus/sehenswertes/altstadt/kiepenkerl

Leineweber, Bielefeld
https://www.bielefeld.jetzt/leineweber-denkmal

Linnenbauer, Herford
https://www.site.uottawa.ca/~bochmann/Bildhauer/Skulpturen/Werke-im-Oeffentlichen/Linnenbauer.html

Henner und Frieder, Siegen
https://wiki.zeitraum-siegen.de/ideen-traditionen/henner_und_frieder

Klenkes, Aachen
https://www.denkmalplatz.de/klenkes-das-aachener-erkennungszeichen/

Eberbach, Flusspromenade
file:///C:/Users/richd/Downloads/PromenadeWeb2017.pdf

Rußbuttenträger, Marktleuthen
http://www.bayern-fichtelgebirge.de/kleindenkmal/russbuttentraeger.htm

Joep, Kerkrade
https://www.kerkrade.nl/geschiedenis-joep

Lampenmaakstertje, Eindhoven
https://eindhoven.kunstwacht.nl/kunstwerken/bekijk/7094-lampenmaakster

Weitere Bücher des Autors bei books on demand, www.bod.de

in der Reihe **Tausend Tafeln**

Hier war Goethe nie
77 wundersam-witzige Info- und Gedenktafeln, Norderstedt 2023

Stadt der Gedichte
77 Gedichttafeln in Städten, Norderstedt 2022

City of poems
77 Gedichttafeln in fremden Sprachen, Norderstedt 2022

Zahlen bitte!
77 Infotafeln die zählen und Zahlen zeigen, Norderstedt 2023

Aalweber und Zitronenjette
77 städtische Originale und ihre Denkmäler, Norderstedt 2022

Rübezahl und Karpfenjule
77 fiktive Figuren und ihre Denkmäler, Norderstedt 2022

Haussmann, Holl und Hillebrecht
77 Denkmäler für Stadtplaner und Architekten

Ottifant und Knollennase
77 Denkmäler für Komiker, Kabarettisten und andere Humoristen

Sippel-Libbet, Schängel und Schlammbeiser
77 Denkmäler für Stadtpersonifikationen, Norderstedt 2023